AF253993

E. BONHOURE

COMMENT DOIT SE FAIRE

L'ÉDUCATION POLITIQUE

DU PAYS?

BIBLIOTHÈQUE NATIONALE
R.F.
IMPRIMÉS

> Le suffrage universel a donné la force au nombre;
> Si donc le nombre est ignorant ou aveugle, le
> pays marche au hasard vers des révolutions et des
> catastrophes.

PARIS

DENTU, LIBRAIRE-ÉDITEUR

GALERIE D'ORLÉANS

1871

COMMENT DOIT SE FAIRE

L'ÉDUCATION POLITIQUE

DU PAYS?

Le suffrage universel a donné la force au nombre;
Si donc le nombre est ignorant ou aveugle, le
pays marche au hasard vers des révolutions et des
catastrophes.

I.

Le premier devoir auquel un honnête homme
soit tenu strictement envers son parti, c'est la sin-
cérité. Il est des vérités faciles à discerner, pénibles à dire, qui, pour le bien du pays, auraient besoin d'être largement vulgarisées, et sur lesquelles
cependant ceux qui les comprennent gardent un
silence craintif. Une telle « prudence » n'est pas

d'un esprit politique et loyal. Les vérités dont je parle sont de celles qu'un homme intelligent ne saurait méconnaître. Ne pas les apercevoir serait faire preuve d'aveuglement; les dissimuler quand on les connaît, c'est faire preuve de faiblesse et de pusillanimité.

« *La France*, a-t-on dit souvent, *est centre-gauche.* » Sans doute, et c'est là une vérité flagrante, incontestable. Au fond du caractère national se rencontre un vigoureux sentiment d'indépendance, une répulsion innée contre toute sujétion, un instinct de fierté qui se refuse à toute contrainte, un appétit naturel de liberté. Comment se fait-il que, malgré cette prédisposition irrésistible, la France soit un des pays du monde où s'établissent le plus facilement, où se conservent avec la plus regrettable aisance les despotismes les plus variés?

Telle est la question, souvent effleurée, rarement abordée de front, qu'il convient d'élucider sans faux-fuyants et sans réserves. L'heure décisive où nous sommes exige cette franchise et nous fait un devoir de cette netteté.

Oui, la France est «centre-gauche,» et le principe de liberté sous sa formule simple, en tant que principe, possède la majorité dans le pays. Mais quand il se précise, lorsque, dans la pratique, il faut le traduire par des institutions, par une forme de gouvernement, cette majorité se divise et s'éparpille. Le plus grand nombre des libéraux sont libéraux *d'instinct* et de *sentiment;* ils ont le *goût* de la liberté, sans en avoir le plus souvent le discernement; ils sentent plus qu'ils ne pensent, et, même chez les plus ardents, surtout chez ceux-là, l'opinion, peu ou point raisonnée, flotte dans le vague et participe bien plus de la passion que de la conviction.

C'est là le fait capital, la vérité pénible qu'il faut signaler, et dont il est nécessaire d'étudier froidement les douloureuses conséquences.

Le fait en lui-même n'est pas niable. Tout le monde convient que l'éducation politique du peuple français n'est pas faite. Les adversaires de la liberté se font, de cette ignorance, une arme; ils proclament bien haut que « *ce pays n'est pas mûr pour la liberté.* » Les républicains, plus hautement encore, affirment que « *l'ignorance des campagnes est funeste.*» Les uns et les autres sont dans le vrai ; mais s'il est exact que cette ignorance crée à l'établissement de la République de sérieuses difficultés, il n'est pas moins exact, que dans l'esprit de la nation se rencontre, à l'état rudimentaire sans doute, à l'état d'instinct, un sentiment d'autant plus puissant qu'il est moins raisonné, je veux dire : la révolte contre le principe d'autorité, l'appétit de la liberté.

Donc, dans son ensemble, ou du moins dans son immense majorité, la nation française présente ce double caractère, éminemment contradictoire :

1º Qu'elle est, par instinct et par sentiment, tout à fait incapable de subir longtemps un pouvoir autoritaire ;

2º Qu'elle n'a pas l'éducation et la netteté d'opinions strictement nécessaires pour coopérer avec intelligence, avec calme, avec régularité, au gouvernement du pays par le pays.

De telles vérités sont dures et pénibles à dire ; mais il faut s'y résigner, car la situation qui forcément en résulte n'est pas de celles qu'on puisse dissimuler ni supporter longtemps. Comment, en effet, dissimuler une vérité par tous reconnue, par tous proclamée, et devenue à ce point populaire qu'elle se traduit par un axiome dont nos adversaires eux-mêmes ont fait abus : « Il n'y a pas de gouvernement qui puisse durer, en France, au-delà de vingt ans. »

La restauration, la monarchie de juillet, l'empire, en ont fait l'épreuve ; et si, par malheur, une monarchie nouvelle parvenait à s'établir, l'expérience serait moins longue cette fois, et plus décisive encore. Pourquoi ces révolutions périodiques ? C'est que tout pouvoir qui se perpétue s'impose et devient nécessairement autoritaire. Cela suffit pour que, devenu antipathique aux instincts de la nation, il soit, au bout d'un certain temps, renversé.

D'autre part, après chaque révolution, la République, déjà menacée parce qu'elle naît à la suite d'une crise, au milieu des plus graves difficultés, la République, ne rencontrant pas dans le pays l'appui d'une opinion raisonnée et d'une conduite guidée par des convictions clairvoyantes, subit les entraînements de la passion, dévie de la voie régulière dans laquelle devrait la maintenir l'application logique de ses principes ; si bien qu'au bout d'une période, généralement courte, d'agitations et de crises, elle succombe misérablement. Alors arrivent les dictatures, le triomphe momentané du régime autoritaire ; le hasard alors s'introduit, avec la force, dans le cours des événements ; ce sont les coups d'état qui décident et qui fondent les gouvernements. Mais de ces gouvernements la vie est toujours limitée : « Ils ne sauraient durer au-delà de vingt ans. »

Telle est, depuis longtemps, la situation politique du pays. Faut-il en conclure que, la monarchie n'étant plus possible, la République ne l'étant pas encore, nous soyons condamnés à la perpétuité des révolutions périodiques, au va-et-vient perpétuel entre la dictature et l'anarchie ?

Point du tout, car il est un fait dominant qui suffit à trancher la difficulté : c'est que, d'une part, l'instinct de liberté, l'instinct de révolte contre le principe d'autorité va toujours croissant, ce qui rend impossible le retour définitif à un régime autoritaire quelconque; d'autre part, le suffrage universel contraignant les citoyens à s'occuper, bon gré mal gré, de choses politiques, l'éducation du pays se fait, lentement il est vrai, mais toujours un peu plus et un peu mieux, ce qui rend la République facile.

Donc, la monarchie a cessé d'être possible et la République tend à le devenir; nous sommes forcément conduits — et l'on peut dire condamnés — à cette forme gouvernementale. Par suite, il nous convient et il nous est nécessaire de la rendre praticable le plus promptement qu'il se pourra.

Depuis que, selon la parole de Siéyès, le « *tiers-état qui n'était rien est devenu presque tout,* » une classification nouvelle s'est faite dans la population et s'est substituée aux anciennes castes. Un état social nouveau s'est produit, qu'il faut analyser et connaître à fond, si l'on veut comprendre le mouvement de notre vie politique, et dont il est indispensable de tenir compte, si l'on veut faire quelque chose de stable et de définitif.

Les castes supprimées sont devenues des partis. La noblesse, détruite comme institution politique, diminuée dans son personnel, dans sa richesse, dans son influence, subsiste cependant à l'état de groupe relié par une opinion et des intérêts. Elle est devenue le noyau du parti monarchique autoritaire.

Le clergé, cessant d'être une *classe*, un pouvoir régulier dans l'Etat, est sorti de la famille française pour rentrer, par la porte de l'ultramontanisme, dans l'Eglise cosmopolite. L'Eglise qui, dans l'origine, et jusqu'au sixième siècle, représentait la discipline dans l'émancipation, l'ordre et la loi régularisant la liberté, est devenue, par une fatale interversion entre le but et le moyen, la représentation du principe absolu d'autorité. Le concordat, par l'étranglement de l'Eglise gallicane et l'asservissement du bas clergé, a définitivement consommé cette déplorable révolution. Désormais, l'Eglise, placée au-dessus des peuples, en dehors d'eux, extérieure à toutes les nations et présente chez toutes, est une puissance distincte, ayant sa capitale et son gouvernement propres, mais une puissance d'ordre moral, intervenant partout sous des formules différentes : — En France, la formule monarchique ; en Belgique, la formule du parlementarisme ; en Irlande, la formule insurrectionnelle du *fenianisme* ; — mais, sous cette apparente diversité, se cache partout une seule et même chose : le principe absolu d'autorité, *le droit divin*.

Le tiers-état, qui, dans la révolution française, représentait le principe de liberté, comprenait tout ce qu'on appelait alors « le peuple. » Bourgeoisie et prolétariat, gens de métier et cultivateurs, se confondaient sous cette appellation unique. La Révolution a distingué, séparé ces catégories, et, sans en faire des *classes*, les a différenciées en leur donnant une situation et des intérêts distincts.

La bourgeoisie, par qui fut commencée la Révolution, en a recueilli les premiers profits. Au nom de l'intelligence et du travail, elle avait lutté contre le privilége et l'arbitraire. Victorieuse dans cette lutte, elle a proclamé la juste suprématie de l'intelligence et du travail; et, possédant l'une, pratiquant l'autre, elle a conquis la force, exercé le pouvoir; parvenue là, elle s'est arrêtée, croyant, bien à tort, que tout était fini.

Le prolétariat, désireux à bon droit des mêmes avantages, mais dépourvu de travail acquis, c'est-à-dire de capital, et par conséquent privé de l'instruction,— car l'instruction suppose du loisir et de la dépense, c'est-à-dire, toujours, du capital, — le prolétariat n'a point compris que la bourgeoisie lui était accessible, mais qu'un effort patient et de longue durée pouvait seul l'y faire parvenir. Il s'est figuré qu'il y pouvait entrer tout de suite, par un coup de main, par l'effet immédiat d'une législation imposée; comprenant bien que le capital était le véritable instrument de puissance, il l'a considéré comme un obstacle, comme un ennemi, par cela seul qu'il ne le possédait pas; il a attribué à la présence du capital chez les autres l'infériorité que lui créait l'absence du capital chez lui.

II.

Tels sont, dans leur situation respective, les éléments *actifs* qui, dans la vie politique de la nation française, prennent part à la lutte.

A côté d'eux, une masse presque toujours inerte et passive, se mouvant à peine et difficilement remuée, constitue un appoint énorme de force que se disputent les partis. Elle est composée, presque en totalité, d'hommes qui, possédant à divers degrés le capital, n'ont pas su ou n'ont pas pu se donner l'instruction, l'intelligence. C'est ce qu'on a le tort d'appeler avec dédain : « les ruraux, » et, en langage parlementaire : « les campagnes. » En fait, si les choses se passent comme elles devraient logiquement se passer, c'est à l'alliance des campagnes et de la bourgeoisie qu'appartient le plus prochain avenir; et ce sont elles qui, réunies dans un effort commun, peuvent seules, d'une part, triompher du principe d'autorité, d'autre part, accomplir la transformation du prolétariat, faciliter et régler son accession au capital et à l'intelligence.

Ainsi, dans la lutte engagée entre le principe d'autorité — la monarchie de droit divin — et le principe de liberté — la République — la composition des partis et le rôle que jouent chacun des éléments de la Nation se distinguent facilement.

D'un côté, l'Eglise ultramontaine, pouvoir dirigeant, puissance étrangère, se préoccupant surtout du principe, c'est-à-dire d'elle-même et non pas de la Nation, dont elle n'est plus une classe ; l'Église, pour qui la monarchie des Bourbons n'est pas un but, mais un moyen, et qui, si elle rencontrait ailleurs une incarnation plus pure du droit divin, une politique plus absolue et moins entachée de parlementarisme, s'en ferait le champion avec empressement.

Au-dessous d'elle, et marchant sous sa direction, les débris de ce qui fut « l'ordre de la noblesse. » Ceux-là, mus par un intérêt politique, par une conviction peut-être, en tout cas par des traditions enracinées et par des attaches personnelles, sont la tête du parti. Tête puissante, mais d'une puissance précaire et subordonnée, dont l'Église tient les leviers, et qui se réduirait à rien si l'Église ne lui prêtait le concours de sa forte organisation.

Le corps du parti se compose, pour une bonne part, des campagnes qui, par le capital, sont conservatrices, et par le défaut d'instruction, sont inertes, c'est-à-dire dociles et soumises à l'influence, autrefois absolue, aujourd'hui décroissante, du clergé.

Le reste est pris un peu partout : les uns sont guidés par des relations personnelles ou des intérêts, beaucoup sont retenus par la peur des aventures et la frayeur qu'ont inspirée certaines violences; le plus grand nombre, sans opinions bien arrêtées, subit l'influence de l'éducation première, toute pleine des préjugés et des traditions autoritaires, dominée par l'influence de la femme, sur qui l'Église conserve une action puissante.

De là le caractère religieux du mouvement monarchique. Déjà plusieurs fois on l'a signalé : les prières publiques ordonnées par l'Assemblée, l'invocation continue de la religion dans tous les discours de la droite, l'intervention active des évêques dans les discussions politiques, leurs lettres, leurs pétitions, l'activité de la propagande cléricale dans les élections, sont des faits connus de tous.

Du reste, c'est un fait naturel et logique. Le seul levier du principe d'autorité, sa seule base, c'est la foi; la foi doit être aveugle, l'obéissance passive. Or, l'opinion politique ne saurait exiger une telle subordination, une pareille intensité de passion. L'Église seule peut les obtenir. C'est pourquoi le parti monarchique n'est quelque chose que par l'Église; si elle se retirait de lui, rien ne lui resterait; les campagnes, livrées à elles-mêmes, n'ayant pas d'opinion précise et ferme, iraient au hasard de leurs intérêts matériels; et c'est ce qui, plus d'une fois, est arrivé : témoin les succès du bonapartisme chez les populations rurales.

Mais il faut bien reconnaître que les ressorts de l'action cléricale faiblissent et se détendent. Nos adversaires eux-mêmes nous en fournissent la preuve, et c'est une de leurs lamentations les plus fréquentes, en même temps qu'une de leurs accusations les plus âpres contre la Révolution, que « *la France a perdu la foi.* »

C'est là un fait parfaitement exact ou parfaitement faux, selon le sens qu'on attache au mot de « *foi* ». Le sentiment religieux, en France, n'a point péri; mais les imprudentes exagérations de l'Église ultramontaine, ses entreprises audacieuses sur le domaine politique et même sur le domaine des affaires, ont compromis le prestige du clergé, compromis son autorité, diminué la confiance, l'obéissance, *la foi* qu'il avait jusqu'à présent obtenues. La religion en a peut-être subi le contrecoup; mais, en somme, ce n'est pas la religion qui périclite, c'est le clergé, ou plutôt c'est l'ultramontanisme.

Telles sont les forces du parti monarchique; forces décroissantes, mais considérables encore, et surtout parfaitement disciplinées, puisqu'elles ont pour base l'absence de raisonnement, l'obéissance passive.

Les forces du parti libéral sont loin d'avoir la même unité, d'observer la même discipline. Leur nature même les met en révolte contre toute direction absolue, la discipline des opinions n'étant pas *imposée* comme celle de la foi, mais simplement volontaire et *consentie;* par contre, quand elle se produit, elle est plus active et plus puissante, précisément parce qu'elle est de plein gré.

Dans ce double fait se rencontrent les causes principales qui font en même temps la force et la faiblesse du parti libéral.

La plus grande difficulté du gouvernement républicain, c'est que, faisant appel directement à la volonté de tous les citoyens, il suppose chez chacun d'eux la connaissance exacte des faits, des choses, des principes sur lesquels ils sont appelés à se prononcer, c'est-à-dire une éducation politique.

Quand l'autorité demeure réservée à ceux qui possèdent cette éducation — ou qui sont présumés la posséder — le gouvernement constitue une république aristocratique, tantôt tyrannique et autoritaire, comme la république de Venise; tantôt parlementaire et pondérée, comme la monarchie anglaise.

Quand l'autorité se partage entre tous — et c'est l'effet du suffrage universel — l'Etat devient une république démocratique. Sa valeur alors, c'est à dire sa stabilité, ses garanties, la sécurité, la liberté qu'elle assure aux citoyens, dépendent d'une seule condition : le degré d'éducation que possède la masse gouvernante, c'est-à-dire le pays tout entier.

La force et le pouvoir étant donnés au nombre, si le nombre est aveugle ou ignorant, le pays est livré forcément à tous les hasards. Toutes les entreprises, toutes les usurpations deviennent possibles. Il suffit de tromper ou de flatter les masses pour disposer de leur force. L'empire a pu le faire au moyen des candidatures officielles; la Commune l'a fait à Paris par le mensonge et la terreur.

Cette situation dangereuse n'a que deux issues : ou bien, retirer au nombre la force en lui retirant le suffrage universel, ce qui, de l'aveu de tous, n'est point possible; ou bien, donner à la masse gouvernante l'éducation qui lui manque. Toute autre solution serait vaine. La royauté de droit divin, surtout, ne saurait suffire aux difficultés de cette situation. Il ne lui est pas permis de gouverner en flattant le suffrage universel, qui est la négation absolue de son principe; et moins encore de compter sur l'éducation, sur l'intelligence, qui sont incompatibles avec l'obéissance passive, sur laquelle est basé le droit divin. Donc, l'alternative disparaît

et les deux solutions se réduisent à une seule :
donner au pays l'éducation politique.

La tâche n'est point facile, et il n'est pas donné à tous indifféremment de pouvoir l'entreprendre. L'État — je veux dire le gouvernement — n'y peut intervenir que fort indirectement et sans grande efficacité. Outre que, venant de lui, l'éducation serait suspecte, pouvant être faussée, altérée dans un but d'influence — comme elle l'était sous l'empire qui s'en faisait un instrument de pouvoir, — l'État ne saurait avoir un programme d'éducation politique; tant qu'il y aura des partis en France, le gouvernement n'aura pas le droit de s'ingérer dans l'enseignement politique, parce qu'il y ferait acte non pas de gouvernement, mais de parti, ce qui doit lui demeurer interdit.

Mais aux partis, il est permis, il est même nécessaire de diriger, autant qu'il est en eux, le mouvement de l'opinion publique. Le parti libéral, dont le principe est le libre arbitre, c'est-à-dire la discussion, l'intelligence, doit, s'il ne veut pas mentir à son principe, s'adonner tout entier à l'éducation du pays.

Comment l'a-t-il fait jusqu'à présent? Comment peut-il le faire dans l'avenir? Telles sont les deux questions qui nous restent à examiner.

Jusqu'à présent, l'éducation politique en France a été peu de chose; elle s'est faite incidemment. L'enseignement a été nul; et même les matières économiques, publiquement professées chez d'autres peuples, ont été chez nous l'objet d'une suspicion constante qui les a bannies de l'éducation. Les traditions autoritaires n'admettent pas qu'en dehors de l'autorité « légitime, » quelqu'un s'ingère dans les affaires du pays. L'empire lui-même n'a point dérogé à ce principe, que « *tout citoyen qui s'occupe des affaires publiques est un brouillon.* » — M. Rouher appelait ces gens-là des « *individualités sans mandat.* »

Donc, la politique demeurait chose interdite, prohibée. Elle était, comme en Océanie, « *tabou.* » Un économiste, aux yeux des gouvernants, apparaissait comme une sorte d'insurgé de la plus dangereuse de toutes les espèces, l'insurgé pacifique et raisonnant. Un véritable discrédit s'attachait à quiconque se mêlait de ces choses « qui ne le regardaient point, » et, dans les familles, on considérait comme « ayant mal tourné » l'enfant qui se lançait dans la politique; on disait d'un homme, qu'il était « tombé dans les journaux, » comme on eût dit « un homme à la mer. »

A cette suspicion jalouse, à cette prohibition, à ce préjugé, nous devons toutes nos catastrophes; nous lui devons toutes nos émeutes, celle de juin 1848 et celle du 18 mars 1871; nous lui devons le jacobinisme et les menaces du socialisme et de l'Internationale; l'empire est son œuvre, et nos désastres sont ses faits. Nous lui devons l'inertie de la bourgeoisie et les violences du prolétariat; nous lui devons, à l'heure présente (1), la possibilité d'une restauration monarchique, suivie d'une guerre civile; et si, pendant des années encore, nous allons de secousse en secousse, nous le lui devrons. Car enfin, à quoi peut-on arriver, si ce n'est à des catas-

____

(1) Juin 1871.

trophes, avec un système qui se traduit par les formules suivantes :

1° « *Les affaires du pays seront faites par tous les citoyens;* »

2° « *Tout citoyen qui s'occupera des affaires du pays est déclaré suspect;* »

3° « *Il est interdit d'enseigner aux citoyens les affaires en général, et celles du pays en particulier.* »

Ces formules absurdes sont cependant la base de notre organisation politique actuelle : la première est notre loi constitutionnelle, le suffrage universel ;

La seconde est écrite en cent endroits dans nos lois administratives, et je défie qu'on me trouve une loi organique dans laquelle cette suspicion ne soit pas directement ou indirectement édictée ;

La troisième n'est que le résumé des lois qui régissent l'enseignement en France.

Comment s'étonner de l'ignorance où s'attarde le pays ? Comment éviter que, dans la grande majorité des citoyens, les idées fausses pénètrent et s'incrustent ?

Les conséquences inévitables de ce système, les voici :

La haute bourgeoisie, riche et puissante, s'abstient des affaires, s'écarte de la politique ; de là, l'inertie absolue du parti conservateur-libéral, inertie qui nous coûte si cher.

Les libéraux énergiques, désespérant d'agir par le raisonnement sur des masses sans éducation politique, cherchent le succès dans la violence, et tournent au jacobinisme.

Le prolétariat, cherchant sa route dans les ténèbres, tombe dans l'utopie, dans les « systèmes » autoritaires, et l'on voit l'Internationale, fondée dans un but non-seulement avouable, mais digne d'éloges, dérailler dès ses premiers pas, et, dévorant ses fondateurs, aboutir à la Commune.

Les campagnes, indifférentes tant que leurs intérêts matériels ne sont pas en jeu, affolées et surexcitées dès que ces intérêts sont compromis, fournissent à tous les « sauveteurs, » c'est-à-dire à toutes les tyrannies, le formidable appoint de leur nombre.

Voilà pourquoi, si libérale qu'elle soit dans ses instincts, la France, depuis 1848, est la terre promise de tous les aventuriers de la politique. Croit-on, si la population de Paris eût possédé les moindres notions d'économie sociale et gouvernementale, si la moindre dose d'instruction eût pu venir en aide à son esprit naturel, croit-on que la Commune eût duré huit jours ? Elle ne serait même pas née. Eh bien ! aujourd'hui l'heure est venue de se décider et d'instruire la nation ; car autrement nous serions en présence de ce dilemme : retirer au nombre de la force, c'est-à-dire le suffrage universel, ou bien vivre dans les révolutions et les guerres civiles, et y périr.

III.

Faire l'éducation politique du pays, voilà donc le premier et le plus grand de nos besoins. A ce prix, l'ordre et la stabilité sont possibles en France ; sinon, non. Et c'est pour n'avoir pas satisfait à cette nécessité primordiale que nous nous débattons depuis longues années dans les plus douloureuses convulsions. Certes, la tâche n'est point facile ; mais elle n'est pas impossible à remplir. Ce n'est pas du jour au lendemain, ni dans l'espace de quelques mois qu'on en peut venir à bout ; mais, comme pour toutes les grandes entreprises, quand les premières difficultés du commencement seront surmontées, la chose ira de soi, chaque jour facilitée par les progrès de la veille.

Et les éléments de cette transformation, la France les possède à un plus haut degré peut-être que tout autre pays : nulle part ne se rencontre une bourgeoisie plus nombreuse, plus influente, plus apte à répandre autour d'elle le mouvement des idées, l'activité de la pensée et du travail. C'est à elle que nous devons, à défaut de convictions raisonnées, cet instinct puissant de liberté qui fait la France rétive à toute sujétion. C'est elle qui, spécialement adonnée aux professions libérales, fournit à la France les hommes d'élite qui, dans les sciences, la littérature, les affaires, les arts, font sa gloire et sa force. C'est d'elle, presque toujours, que sortent les penseurs et les hommes d'Etat.

Mais depuis longtemps déjà cette bourgeoisie, qui dans aucun pays du monde n'a son équivalent, s'est divisée en deux groupes, dont l'un, le plus nombreux, le plus riche, le plus influent, s'endormant sur les résultats acquis, subit la loi commune du succès et s'immobilise dans son bien-être. L'inertie de ce qu'on appelle « le parti conservateur » n'a pas d'autre cause. Conservateurs, ils le sont; mais avant tout ils sont libéraux. La liberté seule explique et rend possible leur existence. Supprimer la liberté, c'est supprimer la bourgeoisie; et ils le sentent si bien, que, réactionnaires par nécessité quand leur repos et leur bien-être sont menacés, ils deviennent, même au péril de leur bien-être et de leur repos, les plus résistants des libéraux quand la liberté périclite.

Cette bourgeoisie, quand elle se décide à l'action, est irrésistible. Le parti légitimiste et l'Église ultramontaine sont en passe d'en faire l'épreuve; non pas que, dans la lutte commencée, la bourgeoisie ait pris délibérément un rôle actif; mais il a suffi qu'elle se sentît menacée dans ses instincts, et que, vaguement, confusément, elle s'en émût, pour que le courant de l'opinion publique en fût modifié. Ce demi-réveil donne la mesure de sa force.

Eh bien! ce qu'il faut faire comprendre à la bourgeoisie, c'est que l'heure est venue de combattre activement, non pas pour la conservation de son repos et de son bien-être, mais pour son existence; il faut lui faire sentir que sa somnolence l'a compromise, et que le danger est grand. Entre les violences du parti de l'autorité et les violences égales du prolétariat fourvoyé, la liberté conservatrice est aujourd'hui placée comme entre l'enclume et le marteau. Le centre de la nation, débordé par les deux ailes, est pris entre deux feux. D'un côté, la croisade ultramontaine, dont la monarchie légitimiste est le premier objectif; de l'autre, le socialisme autoritaire, dont l'*Internationale* est la personnification et la Commune le moyen. Ces deux dangers se valent l'un l'autre.

La résistance pourtant est facile. Quand la bourgeoisie marchera, les campagnes marcheront. Réunies, elles auront, dès le premier pas, la force et le nombre.

Les campagnes sont conservatrices; les excès de parole, les exagérations de langage et d'actes que le parti républicain peut se reprocher les ont effrayées. Le capital, de sa nature, est facile à prendre peur; le défaut d'instruction, livrant les esprits sans défense à toutes les impressions, facilite encore sa frayeur et la décuple. De là cet affollement qui s'empare des campagnes et les livre, tout effarées, à quiconque leur promet de « sauver la société. » Mais quand la bourgeoisie conservatrice, riche de capital, ayant à perdre autant et plus que les campagnes, prend parti dans la lutte, les campagnes se rassurent, sachant parfaitement que là où va la bourgeoisie, la propriété, le capital, la famille ne sauraient courir aucun risque. L'identité des intérêts est le véritable lien de confiance, et la supériorité reconnue d'intelligence et de pouvoir constitue la véritable force souveraine d'influence et d'autorité.

Les campagnes sont dans les mains de la bourgeoisie ; elles accepteront de sa main l'opinion qu'il lui plaira de leur recommander, l'éducation qu'il lui plaira de répandre chez elles.

Les campagnes représentent 21 millions d'habitants sur 38 millions. C'est la majorité de la France.

C'est donc à la bourgeoisie qu'appartient, pour peu qu'elle daigne prendre un peu de peine, la puissance réelle, la force prédominante. C'est elle qui peut, seule, supporter le poids de la situation : c'est à elle qu'en incombe toute la responsabilité.

L'éducation politique des campagnes est la première qu'il faille entreprendre. Elle ne peut pas être faite en un jour, mais le mouvement peut être donné en quelques semaines. L'occasion s'en présentera prochainement aux élections des Conseils généraux.

Qu'à ce moment la bourgeoisie se montre, qu'elle agisse, qu'elle parle, qu'elle se répande ; l'élan une fois donné, rien ne sera plus facile que de le diriger. Quand la bourgeoisie voudra former une « Ligue de l'instruction, » la moitié de la besogne sera faite. Quand la bourgeoisie demandera franchement à l'État de ne pas empêcher l'éducation politique du pays, l'État, à qui la bourgeoisie ne saurait inspirer aucune suspicion, cessera de mettre l'embargo sur l'enseignement politique. Quand la bourgeoisie le demandera, nous aurons des chaires d'économie politique, des écrits vulgarisateurs ; quand elle-même s'efforcera de propager les saines idées de liberté, ces idées n'inspireront plus à personne aucune défiance ; elles se répandront vite.

Le libéralisme catholique — malgré les malédictions ultramontaines — gagne du terrain. Au dehors, c'est dans le haut clergé que ses idées trouvent un appui. Mais en France, c'est la bourgeoisie qui forme le noyau le plus puissant de l'école libérale. Au grand déplaisir des jacobins de l'Eglise, la bourgeoisie libérale catholique s'est affirmée; et sur certains points — ceux peut-être où la chose paraissait le plus impossible — elle a pris ouvertement parti dans la lutte. C'est là un fait capital, et qui, seul, suffirait à justifier ma pensée : partout où ce fait s'est produit, l'influence cléricale s'est évanouie devant l'influence de ce libéralisme bourgeois. Même sans propagande aucune, cette simple affirmation de la liberté dans le catholicisme a fait reculer la propagande ultramontaine. Rien que dans ce fait, il y a la promesse d'un avenir.

Et si l'on me demandait de formuler les moyens pratiques, je répondrais que la première et la plus efficace de toutes les mesures à prendre, c'est que, dans chaque pays, dans chaque ville, la bourgeoisie libérale se donne un centre d'action, constitue un comité, fasse connaître son existence et formule ses principes. Qu'elle intervienne ensuite directement dans les campagnes et dans les ateliers. Pour le moment, il ne serait pas besoin de lui demander plus. Le reste se fera de soi.

Quant à l'Etat, en ce qui concerne les campagnes, son rôle est bien simple : laisser faire et ne pas s'en mêler.

Tout ce qu'on peut lui demander, c'est de donner à l'instruction primaire quelques millions de plus. L'instruction ainsi donnée n'a rien de politique; elle n'est d'aucune garantie pour la sécurité du pays, cela est vrai; et c'est une erreur de croire, comme l'ont fait bien des esprits généreux, que la société peut être sauvée uniquement par la lecture et l'écriture. Non! ces premiers éléments de l'instruction sont comme le labour dans une terre vierge: ils préparent l'esprit à recevoir telle semence qu'on y voudra jeter. Ils sont le labour et ne sont pas la semence. Dans la terre ainsi préparée, l'ivraie poussera comme pousserait le bon grain, si le semeur, au lieu de bon grain, y jette l'ivraie. Et je n'en veux pour preuve que l'effroyable fécondité des idées fausses dans le prolétariat des villes. Ceux-là savent lire : cette terre-là fut aussi labourée et préparée; mais quand elle était prête à recevoir la semence, elle fut laissée à elle-même, abandonnée au hasard des vents, qui la couvrirent de semences empoisonnées. Dans l'ordre moral comme dans l'ordre matériel, c'est la plante sauvage, improductive et dangereuse, qui, seule, pullule spontanément. La plante nourricière n'a pas cette active spontanéité. Le chardon et la ciguë viennent tout seuls; mais la vigne et le blé veulent que l'on plante et que l'on sème.

Donc, que l'Etat fasse le labour et que la bourgeoisie soit le semeur. Elle seule peut remplir ce rôle.

Ce n'est pas au clergé, ce n'est pas à la noblesse qu'on peut demander de répandre les idées de liberté. Ce n'est pas aux campagnes, ce n'est pas au prolétariat qu'on peut demander de les produire spontanément. Ce n'est pas à l'Etat qu'il appartient de les imposer et de les répandre. Que reste-t-il? La bourgeoisie.

C'est là son devoir ; non-seulement envers le pays, mais envers elle-même. Sa sécurité l'exige, son existence en dépend. C'est elle qui a commencé 89, détruit l'ancienne société, brisé pour jamais le principe d'autorité, de droit divin ; mais après avoir détruit, il faut reconstruire, sous peine de ne plus vivre. L'ancien régime est à bas ; il faut asseoir le régime nouveau. Jusqu'à 1848, la chose était faite : le pouvoir, enlevé justement aux classes privilégiées, qui, bien ou mal, savaient l'exercer, est demeuré jusqu'en 1848 aux mains de la bourgeoisie, qui pouvait et savait en faire usage. La révolution de Février a changé l'état des choses, et jeté le pouvoir en des mains qui n'en connaissent pas le maniement. Il le leur faut enseigner, ou courir toutes les fortunes d'une direction inconsciente et aveugle.

Telle est, dans sa redoutable simplicité, la question vitale.

Courir au plus pressé, donner aux campagnes — qui n'ont pas besoin d'apprendre l'ordre — la conscience de la liberté ; par cette union assurer au pays la stabilité des institutions, voilà le premier devoir.

Cela fait, — et ce peut être l'œuvre de quelques mois, — on pourra « prendre le taureau par les cornes, » faire la guerre aux idées fausses, entreprendre avec patience et fermeté l'œuvre difficile et de longue durée : l'éducation du prolétariat. Les questions sociales alors pourront être discutées : on pourra tenter de faire comprendre à tous, que « la question sociale » n'existe pas ; qu'il n'y a pas *une question sociale* supposant l'antagonisme et la lutte violente des classes, mais *des questions*, questions d'affaires, susceptibles d'une discussion paisible et d'une solution pacifique, régulière, légale.

Si la bourgeoisie s'abstient; si, confinée dans son égoïsme, elle ne jette pas dans le combat politique sa force prépondérante, voici ce qui se passera :

Ou bien nous tomberons une fois encore dans les monarchies plus ou moins libérales que l'expérience a condamnées; ou bien, de révolution en révolution, d'anarchie en dictature, nous verrons peu à peu s'effondrer la France.

Et la constitution d'une monarchie quelconque ne nous arrêterait pas dans cette série de chutes. Toute monarchie, en peu de temps, nous conduirait à des révolutions. Par quelque terme que commence la série, elle forme un cercle dont nous parcourrons toujours tous les points : révolution, anarchie, dictature, corruption, révolution, et ainsi de suite jusqu'à la fin, à moins que, tout de suite, nous ne trouvions la formule définitive d'une république qui puisse durer.

C'est à la bourgeoisie de le faire; elle en est responsable, et cette responsabilité porte en elle-même une suffisante sanction : SI LA BOURGEOISIE NE FAIT PAS LA RÉPUBLIQUE, LA BOURGEOISIE PÉRIRA LA PREMIÈRE.

Bordeaux. — Imp. G. GOUNOUILHOU, rue Guiraude, 11.

www.ingramcontent.com/pod-product-compliance
Lightning Source LLC
Chambersburg PA
CBHW051409060726
47596CB00005B/2139